# 子どもの手芸
## 楽しい かわいい ボンボン

ひとりでできる！ For Kids!!

著 寺西 恵里子
Eriko Teranishi

日東書院

# ひとりでできる！For Kids!!
# 子どもの手芸 楽しいかわいいボンボン

## CONTENTS

- **4** はじめに・・・
- **6** アクレーヌボンボンの世界にようこそ！

- **10** 1つのボンボンで作る
  ### フワフワハムスター

- **20** ボンボンを貼って作る
  ### チェリーつきカップケーキ

**1つのボンボンで作る**
*Variation* バリエーション

- **16** かわいいペンギン
- **18** カラフルインコ

**ボンボンを貼って作る**
*Variation* バリエーション

- **24** スマイルベア

**㉖ ボンボンを糸でつなぐ**
アニマルフェイス（うさぎ）

**ボンボンを糸でつなぐ**
*Variation*
バリエーション

**ボンボンいろいろ**
*Variation*
バリエーション

㉜ アニマルフェイス
　　バリエーション
㊱ 白くま＆黒くま
㊵ フワフワうさぎ

㊹ ボンボンフルーツ
㊻ ボンボンパン
㊽ マーブルアイス
㊺ ボンボンひつじ
㊾ ボンボン虫たち
㊾ ボンボンアクセサリー
㊾ ボンボンヘアこもの

㊿ ボンボン器がなかったら…

※本書では、ハマナカ株式会社の製品を使用しています。

## はじめに・・・

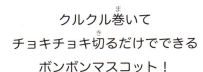

クルクル巻いて
チョキチョキ切るだけでできる
ボンボンマスコット！

アクレーヌで作れば
数回巻くだけで、簡単！
色がかわいいのも特長です。

1つのボンボンで作る
小さなハムスターから
つなげて作る白くままで
いろいろなものが作れます。

好きな色で作るのもいいですね。

上手にできたら、
色違いでカラフルに
たくさん作りましょう！

作った後は、
使ったり、飾ったり！
お友達にもプレゼントしましょう！

ボンボンから手作りの楽しさが
伝わるといいですね。

小さな作品に
大きな願いを込めて……

寺西 恵里子

# アクレーヌボンボンの世界へようこそ！

## かわいい動物たち

ボンボン1つから
かわいい動物ができます。
色の組み合わせを楽しんでも！

P.10 フワフワハムスター

P.18 カラフルインコ

P.16 かわいいペンギン

P.50 ボンボンひつじ

P.26 アニマルフェイス

## かわいいキャラクターたち

スマイルフェイスだったり
抱っこタイプの大きさだったり
名前をつけてあげましょう！

P.36 白くま&黒くま

P.24 スマイルベア

P.52 ボンボン虫たち

P.40 フワフワうさぎ

## 食べ物

カップケーキやフルーツ
大好きな食べ物から
作りはじめてもいいですね！

P.20 チェリーつきカップケーキ

P.46 ボンボンパン

P.48 マーブルアイス

P.44 ボンボンフルーツ

## アクセサリー

ボンボンをたくさん作って
つなぎ合わせるだけで、アクセサリーに！
カラフルに作りましょう！

P.54 ボンボンアクセサリー

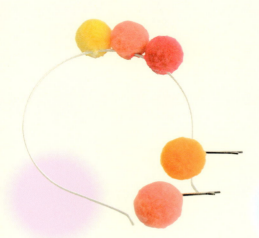

P.56 ボンボンヘアこもの

巻いて！　切って！　貼って！

## ハムスターから作ってみましょう！

## 1つのボンボンで作る
# フワフワハムスター

1つのボンボンから作る
カンタンなハムスターです。
好きな色で作りましょう！

ふわふわハムスターを作りましょう！

## 1 アクレーヌを用意します

1
アクレーヌを袋から出します。

2
たたんであるアクレーヌを広げます。

3
1/8くらいをさきます。

4
さけたところです（約2gです）。

5
オレンジ3本と半分、白半分を用意します。

※この本では、アクレーヌ2gを1本、1gを半分として材料を用意します。

## 2 くるくるボンボンをセットします

1
2つの凹凸部分を逆にします。

2
2つを合わせます。

3
左側に輪ゴムをかけます。

## 3 おなかを巻きます

1
白の端をひとさし指で押さえて巻きはじめます。

2
上から巻いて端をとめます。

3
同じところの上に巻きます（引っ張りぎみに巻きます）。

## 4 ボディを巻きます

1 色を変えます。端を押さえ、オレンジ1本を③の上から巻きはじめます。

2 全体に均等になるように巻きます。

3 1本巻き終わりました。

4 2本めは半分を、その上から巻きます。

5 反対側の輪ゴムをはずします。

6 反対側もオレンジ2本を巻きます。

## 5 さあ 切りましょう

1 くるくるボンボンを2つに折り、輪にします。

2 ストッパーをとめます。

3 中心のみぞにはさみを入れます。

4 切ります。

5 反対側も切ります。

6 切れました。

## 6 中心を結びます

### 1
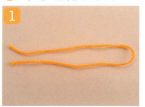
毛糸を40cm用意します。

### 2

みぞに毛糸を入れます。

2重に結ぶのがポイントだね

### 3

左右の糸を2回転させて、結びます。

### 4

ぎゅっと力を入れて結びます。

### 5

もう一度結びます。

### 6

ストッパーをはずします。くるくるボンボンをゆっくりはずします。

### 7

はずれたところです。

**切り方**
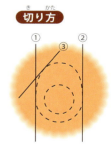

## 7 切ります

### 1

少しずつまわりを切ります（糸を切らないように注意）。

### 2
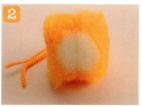
左右を切ります。

### 3

角をおとして丸く切ります。

| 4 | 5 | 6 |
|---|---|---|
|  |  |  |
| 丸になりました。 | 型紙に合わせて切ります。<br>※型紙は、写したり、コピーして作ります。 | 形に切りました。 |

## 8 しっぽを作ります

| 1 | 2 | 3 |
|---|---|---|
|  |  |  |
| 結びめの根元にボンドをつけます。 | 乾いたら1本切ります。 | 先を結んで余分を切ります。 |

## 9 フェルトパーツをつけます

| 1 | 2 | 3 |
|---|---|---|
|  |  |  |
| 耳・目・鼻・手足を切ります。 | 耳の根元にボンドをつけ、2つ折りにします。 | ボンドをつけ、さし込みます。 |

| 4 | 5 |
|---|---|
|  | |
| 耳と同じように手をつけます。 | 足と目・鼻をつけます。足はつま先を少し開きます。 |

できあがり!!

[下から見たところ]
[前] 足

## かわいいペンギン

おなかの白はハムスターと同じ。
好きなブルーで作りましょう!
大きさを変えて作ってもいいですね。

# 小さいペンギン（水色）

**材料**

[アクレーヌ]
水色(108) 7g　白(101) 1g

[毛糸（並太）]
ブルー 30cm

[フェルト]
水色・黄・黒 各少々

**用具**

[ハマナカくるくるボンボン]
直径7cm 1組

**巻き方**

- ① 1g
- ② 3g
- ③ 4g

直径 7cm

結び糸位置

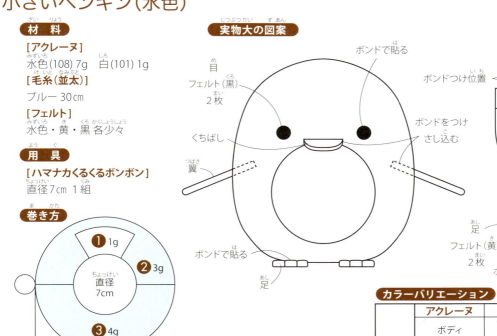

## カラーバリエーション

| | アクレーヌ | フェルト | |
|---|---|---|---|
| | ボディ | 翼 | くちばし・足 |
| | 青(119) | 青 | オレンジ |
| | ブルー(128) | ブルー | 黄 |

※他の色は小さいペンギン（水色）と同じ

# 大きいペンギン（青）

**材料**

[アクレーヌ]
青(119) 12g
白(101) 2g

[毛糸（並太）]
ブルー 30cm

[フェルト]
青・オレンジ・黒 各少々

**用具**

[ハマナカくるくるボンボン]
直径9cm 1組

**巻き方**

- ① 2g
- ② 5g
- ③ 7g

直径 9cm

結び糸位置

1つのボンボンで作る
## Variation 2
バリエーション

## カラフルインコ

上下の色を変えて作ります。
色の組み合わせがポイントです。
たくさん作って窓辺に飾っても・・・

# 黄色と青のインコ

### 材 料

**[アクレーヌ]**
黄(106) 4g
青(119) 4g

**[毛糸(並太)]**
黄 30cm

**[フェルト]**
きみどり・ピンク・こげ茶 各少々

### 用 具

**[ハマナカくるくるボンボン]**
直径7cm 1組

### 巻き方

❶ 4g
❷ 4g
直径 7cm
結び糸位置

### 実物大の図案

[上]

[横]
目 フェルト(こげ茶) 2枚
くちばし
ボンドをつけさし込む
ボンドで貼る
翼
ボンドで貼る
足

翼 フェルト(きみどり) 2枚
ボンドつけ位置

足 フェルト(ピンク) 2枚

くちばし フェルト(ピンク) 2枚
ボンドつけ位置

目 フェルト(こげ茶) 2枚

### カラーバリエーション

| | アクレーヌ | フェルト | | 毛糸 |
|---|---|---|---|---|
| | ボディ | 翼 | くちばし | |
| | 黄(105)・きみどり(125) | オレンジ | オレンジ | 黄 |
| | 白(101)・ピンク(103) | 濃いピンク | 黄 | 白 |
| | 白(101)・ブルー(127) | 黄 | オレンジ | 白 |

※他の色は黄色と青のインコと同じ

ボンボンを貼って作る
# チェリーつきカップケーキ

カップケーキのトッピングは
毛糸を入れ込んで巻くだけ！
好きな色の毛糸を混ぜても。

## カップケーキのできるまで・・・

**クリームを巻いて！**

**トッピングをはさんで！**

**上から巻くをくり返し！**

**下のケーキを巻いて！**

**形に切ります！**

**チェリーをのせて！**

できあがり!!

## 材料・用具をそろえましょう！

**[アクレーヌ]**
薄茶(129)・ピンク(103) 各4g
赤(104) 2g

**[毛糸(並太)] 結び糸用**
ピンク・こげ茶 各30cm

**[毛糸(並太)] トッピング用**
黄・ピンク・白 各30cm

**[ハマナカ くるくるボンボン]**
7cm 1組
3.5cm 1組

[はさみ] [ボンド]

**カラーバリエーション** ※P.58にあります

### 巻き方

**[ケーキ]**
① 4g
直径 7cm
② 4g
結び糸位置

**[チェリー]**
① 1g
直径 3.5cm
② 1g
結び糸位置

### 実物大の図案

結び糸
ボンドで貼る
トッピング用毛糸 3色

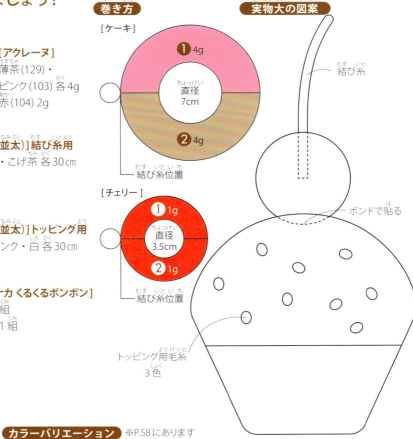

カップケーキを
作りましょう！

## 1 材料を用意します

ピンク、薄茶 各2本
赤1本

糸を10cmくらいに切ります。

※1本2gです

## 2 上を巻きます

ピンクの半分を片方の全体に巻きます。

糸を3本バラバラにはさみます。

ピンクの半分を上から巻きます。

巻いたところです。

糸を3本バラバラにはさみます。

ピンクの半分を上から巻きます。

巻きました。糸を3本バラバラにはさみます。

ピンクの半分を上から巻きます。

ケーキの上の部分が巻けました。

## 3 下を巻きます

1 下は、薄茶を2本巻きます。

2 くるくるボンボンを2つに折り、中心を切ります。(詳しくはP.13)

3 糸を結び、くるくるボンボンをはずします。(詳しくはP.14)

## 4 切ります

1 少しずつまわりを切ります（糸を切らないように注意）。

2 左右を切ります。結び糸もトッピングになるので切ります。

3 角をおとして丸く切ります。

4 丸くなったところです。

5 下をカップ形に切ります。

## 5 チェリーを作り、つけます

1 赤を半分にし、上下に巻きます。

2 丸く切り、結びひも1本を切り(詳しくはP.15 8)、茎の先にボンドをつけます。

3 チェリーにボンドをつけ、カップケーキに貼ります。

できあがり!!

ボンボンを貼って作る
# Variation
バリエーション

## スマイルベア

見ているだけでハッピーになる
かわいいスマイルベアです。
プレゼントにもいいですね！

# ピンクのスマイルベア

### 材料

[アクレーヌ]
ピンク(122) 9g
白(101) 1g

[毛糸(並太)]
ピンク 30cm

[フェルト]
こげ茶 少々

### 用具

[ハマナカくるくるボンボン]
直径5.5cm 1組
直径3.5cm 1組

### 巻き方

[頭]
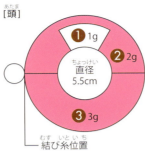

[耳] 2個作る
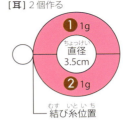

### 実物大の図案

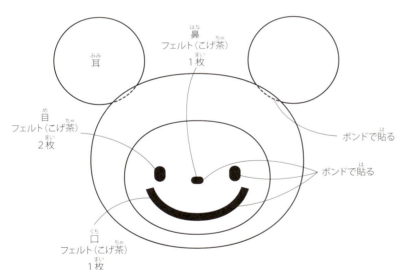

### カラーバリエーション

| | アクレーヌ | 毛糸 |
|---|---|---|
| | 頭・耳 | |
| 黄 | 黄(106) | 黄 |
| 水色 | 水色(128) | 水色 |
| グリーン | グリーン(126) | グリーン |

※他の色はピンクのスマイルベアと同じ

いろんな色で、たくさん作って並べましょう！

**ボンボンを糸でつなぐ**
# アニマルフェイス（うさぎ）

耳の糸と顔の糸を結んで
しっかり固定したアニマルフェイスです。
引っ張っても大丈夫です。

## うさぎのできるまで・・・

**頭を作って！**

**耳を作って！**

**頭と耳をつなげて！**

**糸を切って！**

**目鼻をつけて！**

**できあがり!!**

**リボンをつけて！**

## 材料・用具をそろえましょう！

[アクレーヌ]
ピンク(103) 10g
白(101) 1g

[毛糸（並太）]
ピンク　90cm

[ハマナカ ソリッドアイ]
直径6mm 2個
直径5mm 1個

[リボン]
チェック柄ピンク(1.5mm幅) 20cm

[ハマナカ くるくるボンボン]
5.5cm 1組
3.5cm 1組

[はさみ] [ボンド]

## 巻き方

[頭]
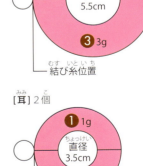

❶ 1g
❷ 3g
❸ 3g
直径 5.5cm
結び糸位置

[耳] 2個

❶ 1g
❷ 1g
直径 3.5cm
結び糸位置

**図案 P.31**

アニマルフェイスを作りましょう！

### 1 材料を用意します

ピンク 5本
白 0.5本

※1本2gです

### 2 頭を巻きます

1

白を中心に巻きます。

2

上からピンクを1本巻きます。

3

2本目は半分を2の上から巻きます。

4

下にピンクを1本と半分を巻きます。

5

くるくるボンボンを2つに折り、中心を切ります。
（詳しくはP.13）

6

糸を結び、くるくるボンボンをはずします。
（詳しくはP.14）

### 3 頭を切ります

1

少しずつまわりを切ります（糸を切らないように注意）。

2

左右を切ります。

3

角をおとして丸く切ります。

4

丸くなったところです。

5 上下を切ります。

6 前と後ろを切ります。白いところを山になるように残して切ります。

7 切れました。

## 4 耳を作ります

8 頭ができました。

1 ピンクを半分にし、上下に巻きます。

2 ボンボン器を2つに折り、中心を切ります。
（詳しくはP.13）

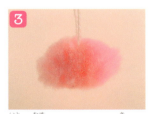
3 糸を結び、ボンボン器をはずします。
（詳しくはP.14）

4 左右を切ります。

5 前後を切ります。

6 耳が切れました。

7 2つできました。

これでパーツが全部できました。

## 5 耳をつけます

1
頭の結び糸1本と耳の結び糸を結びます。

2
もう一度結びます。

2回結ぶ

3
1つつきました。

4
反対側もつけます。

5
結びめにボンドをつけます。

6
乾いたら糸を切ります。

7
切れました。

8
前から見たところです。

## 6 目鼻をつけます

1
ボンドをつけずにさし位置を決めます。

2
ボンドをつけて、さします。

3
できあがり！！

## 7 リボンをつけます

1
リボンを結びます。

2
先を切ります。

3
ボンドで貼ります。

できあがり！！

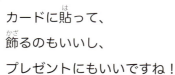

カードに貼って、
飾るのもいいし、
プレゼントにもいいですね！

### 実物大の図案

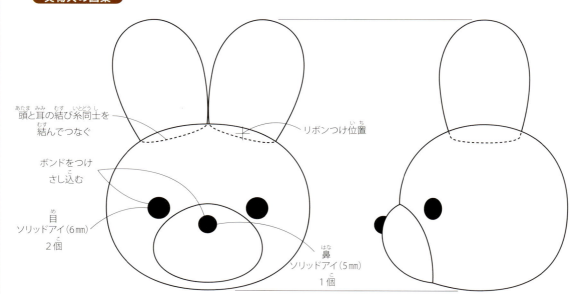

頭と耳の結び糸同士を結んでつなぐ

リボンつけ位置

ボンドをつけさし込む

目
ソリッドアイ（6mm）
2個

鼻
ソリッドアイ（5mm）
1個

**Variation 1** ボンボンを糸でつなぐ
バリエーション

## アニマルフェイス バリエーション

ねこにパンダ、好きな動物を作りましょう。
このまま壁に飾ってもいいし！
ブローチにしてもステキですね。

（パンダ）

（うさぎ）

(くま)

(ねこ)

(ねずみ)

作り方 うさぎ:P.26 パンダ・くま:P.34 ねこ・ねずみ:P.35

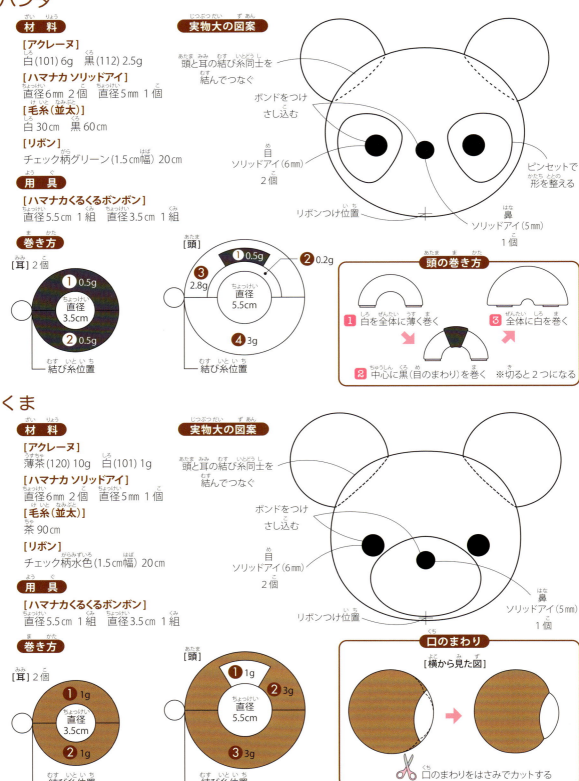

# ねこ

**材料**

[アクレーヌ]
グレー(111) 8g 白(101) 1g

[ハマナカ ソリッドアイ]
直径6mm 2個　直径5mm 1個

[毛糸(並太)]
グレー 90cm

[リボン]
チェック柄赤(1.5cm幅) 20cm

**用具**

[ハマナカくるくるボンボン]
直径5.5cm 1組　直径3.5cm 1組

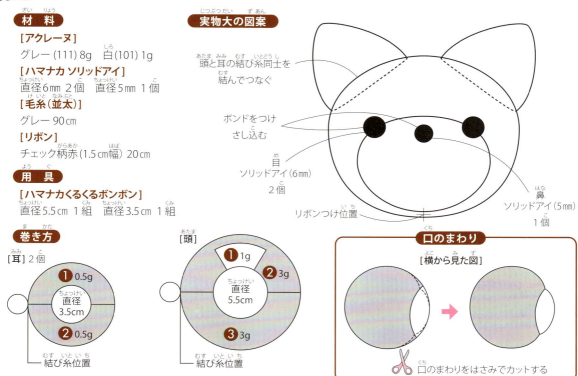

# ねずみ

**材料**

[アクレーヌ]
ブルー(128) 10g

[ハマナカ ソリッドアイ]
直径4.5mm 2個　直径3.5mm 1個

[毛糸(並太)]
ブルー 90cm

[リボン]
チェック柄黄(1.5cm幅) 20cm

**用具**

[ハマナカくるくるボンボン]
直径5.5cm 1組　直径3.5cm 1組

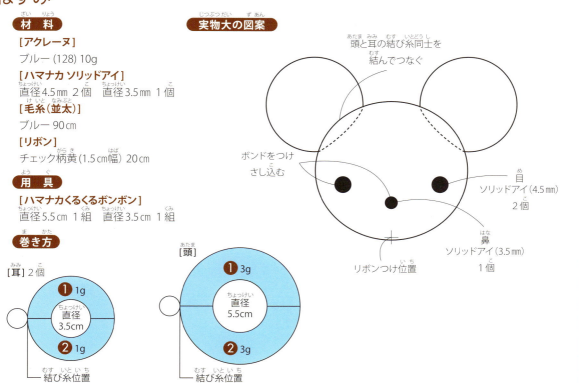

ボンボンを糸でつなぐ
## Variation 2
バリエーション

### 白くま&黒くま

結び糸同士をつなげると
丈夫な仕上がりに！
ちょっと大きめのボンボン人形も作れます。

## 白くまのできるまで・・・

### パーツを作って！

### 頭を作って！

### ボディを作って！

### 頭とボディをつなげて！

### 目鼻・口をつけて！

できあがり！！

## 材料・用具をそろえましょう！

[アクレーヌ]
白(101) 17g
濃いピンク(122) 8g

[フェルト]
赤・こげ茶 各少々

[毛糸（並太）]
白 330cm

[ハマナカ くるくるボンボン]
7cm 1組
5.5cm 1組
3.5cm 1組

[はさみ]　[ボンド]

### 巻き方

[頭]
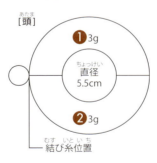
❶ 3g
直径 5.5cm
❷ 3g
結び糸位置

[ボディ]
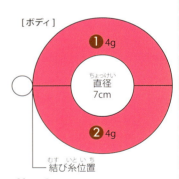
❶ 4g
直径 7cm
❷ 4g
結び糸位置

[手・足]各2本
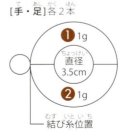
❶ 1g
直径 3.5cm
❷ 1g
結び糸位置

[耳]2個
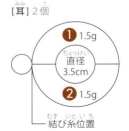
❶ 1.5g
直径 3.5cm
❷ 1.5g
結び糸位置

### カラーバリエーション

| | アクレーヌ | | フェルト | 毛糸 |
|---|---|---|---|---|
| | 頭・耳・手・足 | ボディ | 目 | |
| | 黒(112) | 青(119) | グレー | 黒 |

※他の色は白くまと同じ

図案 P.59

白くまを作りましょう！

### 1 材料を用意します

白 8.5本
濃いピンク 4本

※ 1本 2gです

### 2 パーツを作ります

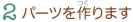

頭に1本と半分を上下に巻きます。

ボディに2本を上下に巻きます。

手足に半分を上下に巻きます。
※ 4本作ります。

耳は1本半を半分ずつにし、上下に巻きます。
※ 2個作ります。

頭は結び糸2本で結びます。

ボディは結び糸3本で結びます。

手足は結び糸1本で結びます。

耳は結び糸1本で結びます。

### 3 パーツを切ります

頭を切ります。

ボディを切ります。

3 手足を切ります

4 耳を切ります。

結び糸はつける位置に広げておきましょう。

根元を広げて、方向をつけます。

## 4 パーツを組み合わせます

1 頭と耳をつけます。糸を結びます。
（詳しくはP.30）

2 2回結んだら根元にボンドをつけます。
（詳しくはP.30）

3 耳がつきました。

4 ボディに手足がつきました。

5 頭とボディがつきました。

できあがり!!

6 フェルトで目・鼻・口を作ります。

7 顔につけます。

## フワフワうさぎのできるまで・・・

パーツを作って！

→ つなぎ合わせて！

→ 頭を作って！

↓

ボディとつなげて！

← 目鼻をつけて！

できあがり！！

### 材料・用具をそろえましょう！

[アクレーヌ]
薄いピンク(102) 42g

[毛糸（並太）]
ピンク 4m

[ハマナカ ソリッドアイ]
直径7.5mm 2個
直径6mm 1個

[リボン]
白(1.5cm幅) 50cm

### 巻き方

[ボディ]
❶ 10g
直径 9cm
❷ 10g
結び糸位置

[頭]
❶ 6g
直径 5.5cm
❷ 6g
結び糸位置

[耳・手] 各2本
[しっぽ] 1個
❶ 1g
直径 3.5cm
❷ 1g
結び糸位置

図案 P.60

| カラーバリエーション | | |
|---|---|---|
| | アクレーヌ | 毛糸 |
|  | グレー (111) | グレー |

※他の色はピンクのうさぎと同じ

[ハマナカ くるくるボンボン]
9cm 1組
5.5cm 1組
3.5cm 1組

[はさみ] [ボンド]

フワフワうさぎを作りましょう！

## 1 材料を用意します

薄いピンク 25本

※1本 2gです

## 2 パーツを作ります

### 1

ボディーに5本を上下に巻きます。

### 2

頭に3本を上下に巻きます。

### 3

耳、手、しっぽに半分を上下に巻きます。
※耳、手は2個ずつ作ります。

### 4

ボディは結び糸50㎝3本で結びます。

### 5

頭は結び糸50㎝2本で結びます。

### 6

耳、手、しっぽは結び糸30㎝1本で結びます。

### 7

耳は結び糸の方向を変えて、ひと結びします。

## 3 パーツを切ります

### 1

ボディを切ります。

### 2

頭を切ります。

### 3

耳を切ります。

## 4 パーツを組み合わせます

**4** 手、しっぽを切ります。

**1** 耳と頭をつけます。糸を結びます。
（詳しくはP.30）

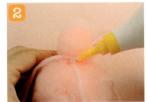
**2** 2回結んだら根元にボンドをつけます。
（詳しくはP.30）

**3** 耳がつきました。

**4** ボディに手をつけます。

**5** ボディにしっぽをつけます。

**6** ボディと頭をつけます。

**7** 全体の形にカットします。

**8** カットしました。

**9** 目鼻をつけます。
（詳しくはP.30）

**10** リボンを結びます。

できあがり!!

ボンボンいろいろ
## Variation 1
バリエーション

# ボンボンフルーツ
フルーツの色で
フルーツの形で作ります。
いろいろ作って飾っても！

作り方　洋なし：P.58　いちご：P.59

# 赤いりんご

**[材料]**
[アクレーヌ]
赤(104) 8g
[毛糸(並太)]
こげ茶 30cm
[フェルト]
きみどり 少々

**[用具]**
[ハマナカくるくるボンボン]
直径7cm 1組

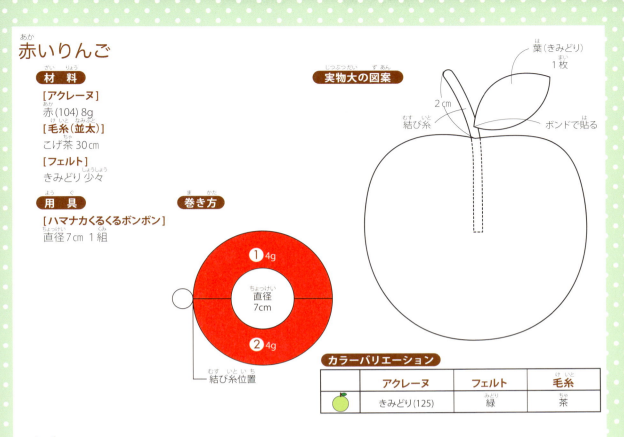

| カラーバリエーション | | | |
|---|---|---|---|
| | アクレーヌ | フェルト | 毛糸 |
| | きみどり(125) | 緑 | 茶 |

# ぶどう

**[材料]**
[アクレーヌ]
紫(115) 8g
[毛糸(並太)]
紫 240cm
茶 30cm

**[用具]**
[ハマナカくるくるボンボン]
直径3.5cm 1組

# チェリー

**[材料]**
[アクレーヌ]
濃いピンク(122) 4g
[毛糸(並太)]
茶 60cm

**[用具]**
[ハマナカくるくるボンボン]
直径3.5cm 1組

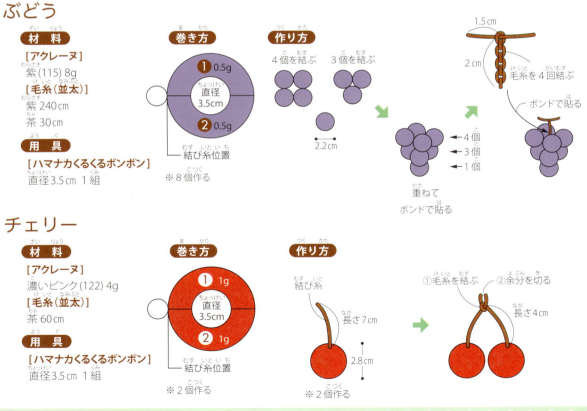

## Variation 2
ボンボンいろいろ

# ボンボンパン

あんパンからクロワッサンまで
いろいろなパンが作れます。
ちょっと小さめサイズがかわいいですね。

作り方　コッペパン・クリームパン・あんパン：P.61

## メロンパン

**材料**

[アクレーヌ]
きみどり(117) 8g
[毛糸(並太)]
きみどり 30cm

**用具**

[ハマナカくるくるボンボン]
直径7cm 1組

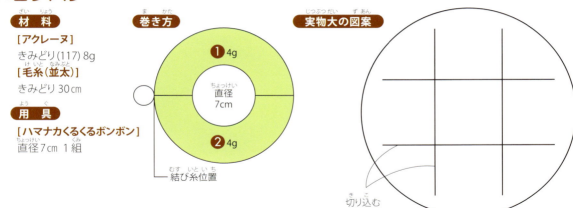

## クロワッサン

**材料**

[アクレーヌ]
薄茶(129) 8g
[毛糸(並太)]
薄茶 30cm

**用具**

[ハマナカくるくるボンボン]
直径7cm 1組

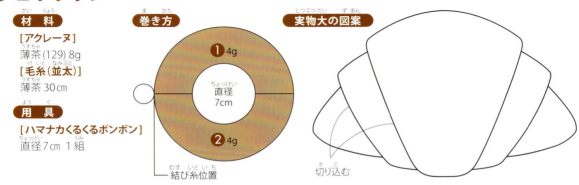

## 3色パン

**材料**

[アクレーヌ]
ピンク(102) 5g
きみどり(117) 5g
茶(120) 5g
[毛糸(並太)]
ピンク・きみどり・茶 各30cm

**用具**

[ハマナカくるくるボンボン]
直径5.5cm 1組

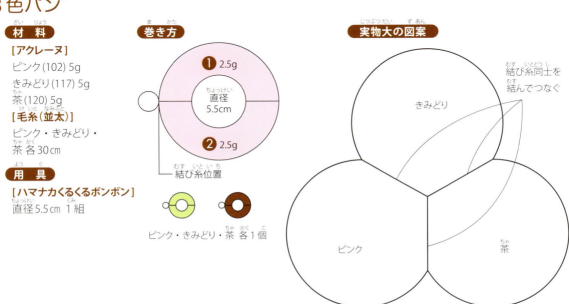

# オレンジ（3色ミックス）

### 材料
**[アクレーヌ]**
オレンジ(116) 4g
黄(106)・白(101) 各2g
**[毛糸(並太)]**
オレンジ 30cm

### 用具
**[ハマナカくるくるボンボン]**
直径7cm 1組

### 巻き方

1. 黄・白各1g、オレンジ2gをランダムに巻く

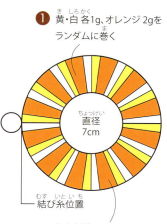

結び糸位置

2. 黄・白各1g、オレンジ2gをランダムに巻く

### 作り方

丸く切る

5.5cm

### カラーバリエーション

| | アクレーヌ | 毛糸 |
|---|---|---|
| | ピンク(103) 4g、濃いピンク(122)・白(101) 各2g | ピンク |

# ブルーハワイ（2色ミックス）

### 材料
**[アクレーヌ]**
白(101) 5g
ブルー(128) 3g
**[毛糸(並太)]**
白 30cm

### 用具
**[ハマナカくるくるボンボン]**
直径7cm 1組

### 巻き方

1. 白2.5g、ブルー1.5gをランダムに巻く

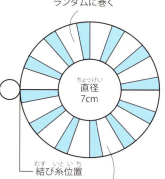

結び糸位置

2. 白2.5g、ブルー1.5gをランダムに巻く

### 作り方

丸く切る

5.5cm

### カラーバリエーション

| | アクレーヌ | 毛糸 |
|---|---|---|
| | 薄いブルー(127) 5g、こげ茶(110) 3g | 薄いブルー |

## ボンボンひつじ

アクレーヌのフワフワ感を
残して切りましょう！
かわいいひつじができます。

## ボンボンひつじ

### 材料

**[アクレーヌ]**
白(101) 16g
ベージュ(109) 8g

**[毛糸(並太)]**
ベージュ 180cm

**[ハマナカ ソリッドアイ]**
直径4.5mm 2個

**[フェルト]**
ベージュ・黒 各少々

### 用具

**[ハマナカくるくるボンボン]**
直径9cm 1組　直径5.5cm 1組
直径3.5cm 1組

### カラーバリエーション

| | アクレーヌ | 毛糸 |
|---|---|---|
| | ボディ | |
| | オレンジ(124) | オレンジ |
| | ブルー(127) | ブルー |

※他の色は白いひつじと同じ

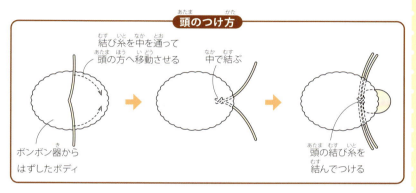

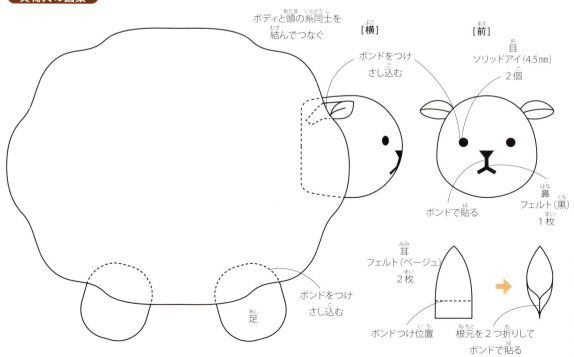

# Variation 5
ボンボンいろいろ

## ボンボン虫たち

いも虫もてんとう虫も
ボンボンで簡単に作れます。
できたら、ひもをつけてマスコットにしても！

作り方　いも虫：P.62

# てんとう虫

## 材料

[アクレーヌ]
赤(104) 7g
オフホワイト(113) 7g
[毛糸(並太)]
白 60cm　黒 40cm
[フェルト]
黒・赤 各少々

## 用具

[ハマナカくるくるボンボン]
直径7cm　1組
直径5.5cm　1組

## 実物大の図案

- 目　フェルト(黒)　2枚
- ボンドで貼る
- 口　フェルト(赤)　1枚
- 模様つけ位置
- ※背中側のみにボンドで貼る
- 模様　フェルト(黒)　7枚

## 巻き方

[頭]
❶ 3g
❷ 3g
直径 5.5cm
結び糸位置

[ボディ]
❶ 4g
❷ 4g
直径 7cm
結び糸位置

## 作り方

[頭]　結び糸(白)
[ボディ]　結び糸(白)
頭とボディを作る

[前] ①丸く切る　②結び糸同士を結んでつなぐ
[横] ③はさみでカットする

先を結ぶ　4cm　毛糸(黒)　※8本作る

ボンドをつけさし込む

目、鼻、口、模様を貼ってできあがり

53

## Variation 6
ボンボンいろいろ

## ボンボンアクセサリー
ちいさな丸やハートを切って
パーツにつけたり、つなげたり…
すぐできて、華やかなアクセサリーです。

作り方　イヤリング：P.62

## 丸いネックレス

### 材料

**[アクレーヌ]**
ブルー(128)・水色(108)・黄(106)・濃いピンク(122)・ピンク(102)・オレンジ(116)・エメラルド(126) 各2g

**[毛糸(並太)]**
ブルー・水色・黄・濃いピンク・ピンク・オレンジ・エメラルド 各30cm

**[リボン]**
3mm幅 ピンク 80cm

### 用具
[ハマナカくるくるボンボン]
直径3.5cm 1組

### 巻き方

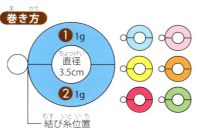

結び糸位置

ブルー・水色・黄・濃いピンク・ピンク・オレンジ・エメラルド 各1個作る

### 作り方

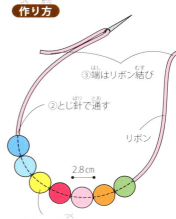

③端はリボン結び
②とじ針で通す
リボン
2.8cm
①ボールを作る

## ハートのネックレス

### 材料

**[アクレーヌ]**
水色(108)・ピンク(102)・黄(106)・薄いブルー(127) 各2g
濃いピンク(122) 4g

**[毛糸(並太)]**
水色・ピンク・濃いピンク・黄・エメラルド 各30cm

**[リボン]**
3mm幅 白 80cm

### 用具
[ハマナカくるくるボンボン]
直径5.5cm 1組
直径3.5cm 1組

### 巻き方

[ボール]

結び糸位置

水色・ピンク・黄・薄いブルー 各1個作る

### 作り方

③端はリボン結び
②とじ針で通す
リボン
①ハート、ボールを作る
3cm

### 実物大の図案
[ハート]

## ハートのリング

### 材料

**[アクレーヌ]**
濃いピンク(122) 2g

**[毛糸(並太)]**
濃いピンク 30cm

**[リングパーツ]**
丸皿付き シルバー 1個

### 用具
[ハマナカくるくるボンボン]
直径3.5cm 1組

### 巻き方

結び糸位置

### 作り方

①ハートを作る ②ボンドで貼る
リングパーツ

### 実物大の図案

55

## Variation 7
バリエーション

ボンボンいろいろ

### ボンボンヘアこもの
3色ボンボンにしたり、
ハートに切ったり、丸をつなげたり…
いろいろ作るだけで楽しいヘアこものです。

作り方 ハートのヘアゴム：p.58

## 丸いヘアゴム

**材料** ※1セット(2個)分

[アクレーヌ]
ピンク(103)・白(101)・薄いブルー(127) 各2g

[毛糸(並太)]
ピンク 30cm

[丸ゴム]
直径3mm ピンク 40cm

**用具**

[ハマナカくるくるボンボン]
直径5.5cm 1組

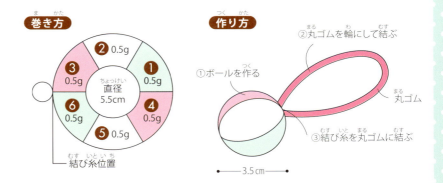

## バレッタ

**材料**

[アクレーヌ]
黄(106)・ブルー(128)・エメラルド(126) 各2g

[毛糸(並太)]
黄・ブルー・エメラルド 各30cm

[バレッタ]
7cm シルバー 1個

**用具**

[ハマナカくるくるボンボン]
直径3.5cm 1組

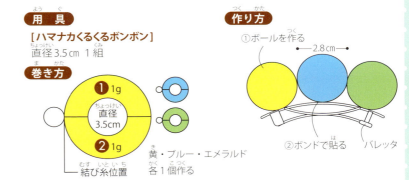

## カチューシャ

**材料**

[アクレーヌ]
黄(106)・ピンク(123)・濃いピンク(122) 各2g

[毛糸(並太)]
黄・ピンク・濃いピンク 各30cm

[カチューシャ]
1個

**用具**

[ハマナカくるくるボンボン]
直径3.5cm 1組

## ヘアピン

**材料** ※1セット(2個)分

[アクレーヌ]
ピンク(123)・オレンジ(116) 各2g

[毛糸(並太)]
ピンク・オレンジ 各30cm

[ヘアピンパーツ]
丸皿付き4.5cm シルバー 2個

**用具**

[ハマナカくるくるボンボン]
直径3.5cm 1組

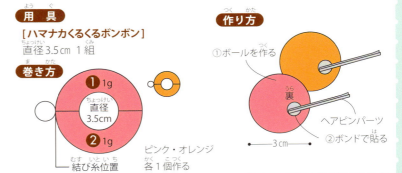

## P.20 ボンボンを貼って作る
### カップケーキ

**カラーバリエーション**

| | アクレーヌ | | 毛糸 | |
|---|---|---|---|---|
| | クリーム | チェリー | トッピング | ケーキの結び糸 | チェリーの結び糸 |
| | 黄(105) | 濃いピンク(122) | 白・オレンジ・薄いきみどり | 黄 | 茶 |
| | 白(101) | 濃いピンク(122) | 黄・ブルー・ピンク | 白 | 茶 |
| | 薄いピンク(102) | 赤(104) | 白・濃いピンク・ブルー | ピンク | 茶 |

※他の色はP.21 ピンクのカップケーキと同じ

## P.44 ボンボンいろいろ
### 洋なし

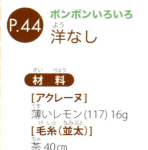

**材料**
[アクレーヌ]
薄いレモン(117) 16g
[毛糸(並太)]
茶 40cm
[フェルト]
きみどり 少々

**用具**
[ハマナカくるくるボンボン]
直径7cm 1組

**巻き方**

❶ 8g
直径 7cm
❷ 8g
結び糸位置

**実物大の図案**

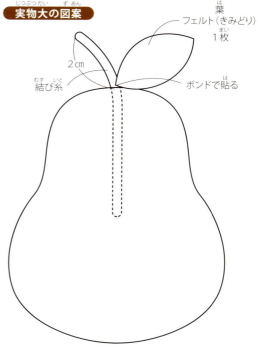

葉 フェルト(きみどり) 1枚
2cm
結び糸
ボンドで貼る

## P.56 ボンボンいろいろ
### ヘアこもの
# ハートのヘアゴム

**材料**
[アクレーヌ]
濃いピンク(122) 4g
[毛糸(並太)]
濃いピンク 30cm
[ヘアゴムパーツ]
丸皿付き 黒 1個

**用具**
[ハマナカくるくるボンボン]
直径5.5cm 1組

**巻き方**

❶ 2g
直径 5.5cm
❷ 2g
結び糸位置

**作り方**
①ハートを作る
②ボンドで貼る
ヘアゴムパーツ

**実物大の図案**

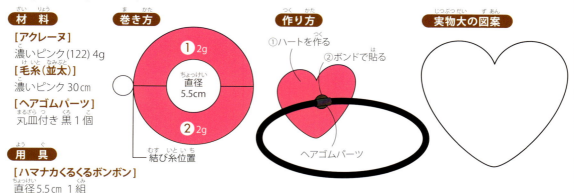

## P.36 ボンボンを糸でつなぐ
### 白くま&黒くま

実物大の図案

- 結び糸同士を結んでつなぐ
- 鼻 フェルト(こげ茶) 1枚
- 耳
- 頭
- 目 フェルト(こげ茶) 2枚
- ボンドで貼る
- 口 フェルト(赤) 1枚
- 結び糸同士を結んでつなぐ
- 手
- ボディ
- 結び糸同士を結んでつなぐ
- 結び糸同士を結んでつなぐ
- 足

## P.10 1つのボンボンで作る
### フワフワハムスター

**カラーバリエーション**

| | アクレーヌ | フェルト | 毛糸 |
|---|---|---|---|
| | ボディ | 耳 | |
| | ブルー(128) | ブルー | ブルー |
| | ピンク(103) | ピンク | ピンク |
| | グリーン(126) | エメラルド | エメラルド |
| | 濃いピンク(123) | 濃いピンク | 濃いピンク |

※他の色はP.11オレンジのハムスターと同じ

## P.44 ボンボンいろいろ
### いちご

**材料**

[アクレーヌ]
赤(104) 4g
緑(121) 0.5g

[毛糸(並太)]
白 90cm

**用具**

[ハマナカくるくるボンボン]
直径5.5cm 1組

**巻き方**

③ 毛糸(白)を3本巻く
① 0.5g
② 2g
④ 2g
⑤ 毛糸(白)を3本巻く
直径 5.5cm
結び糸位置

**実物大の図案**

- はさみで形を整える
- ピンセットで位置を整える

59

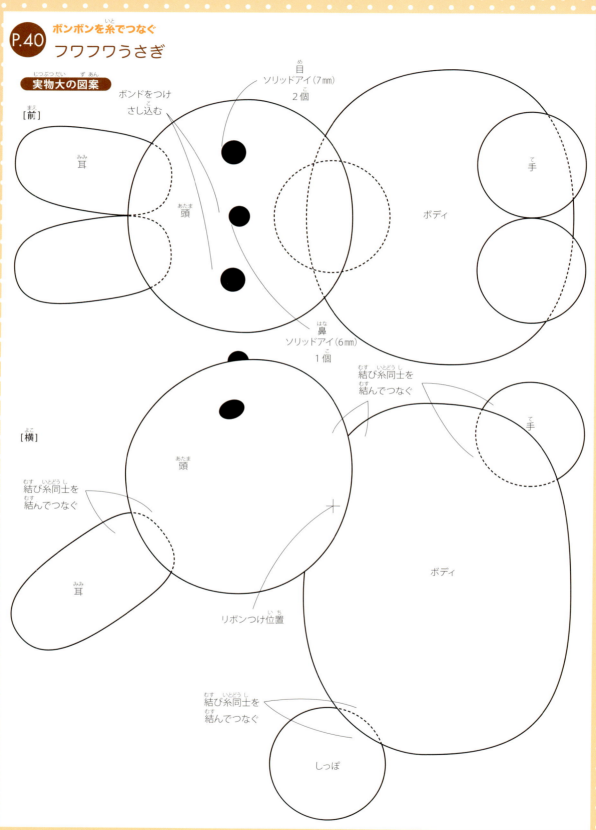

## P.46 ボンボンいろいろ ボンボンパン

### コッペパン

**材料**
[アクレーヌ]
ベージュ (109) 8g
[毛糸（並太）]
ベージュ 30cm

**用具**
[ハマナカくるくるボンボン]
直径7cm 1組

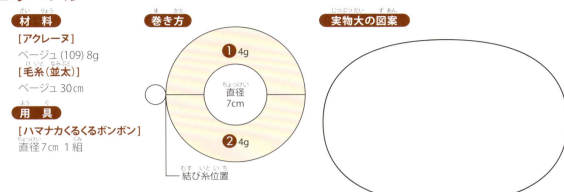

### クリームパン

**材料**
[アクレーヌ]
薄茶(129)・
ベージュ(109) 各4g
[毛糸（並太）]
薄茶 30cm

**用具**
[ハマナカくるくるボンボン]
直径7cm 1組

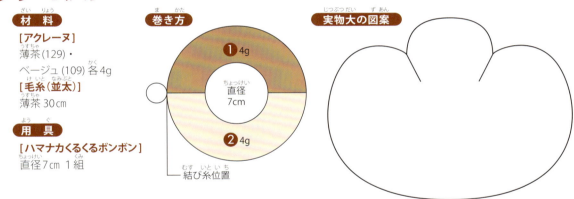

### あんパン

**材料**
[アクレーヌ]
薄茶(129) 8g
[毛糸（並太）]
薄茶 30cm 白 90cm

**用具**
[ハマナカくるくるボンボン]
直径7cm 1組

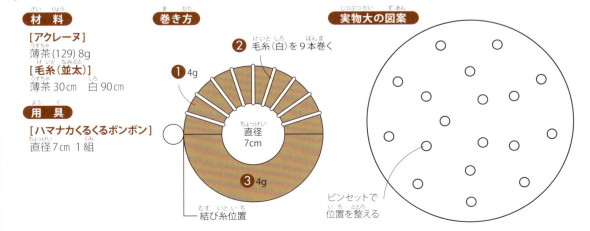

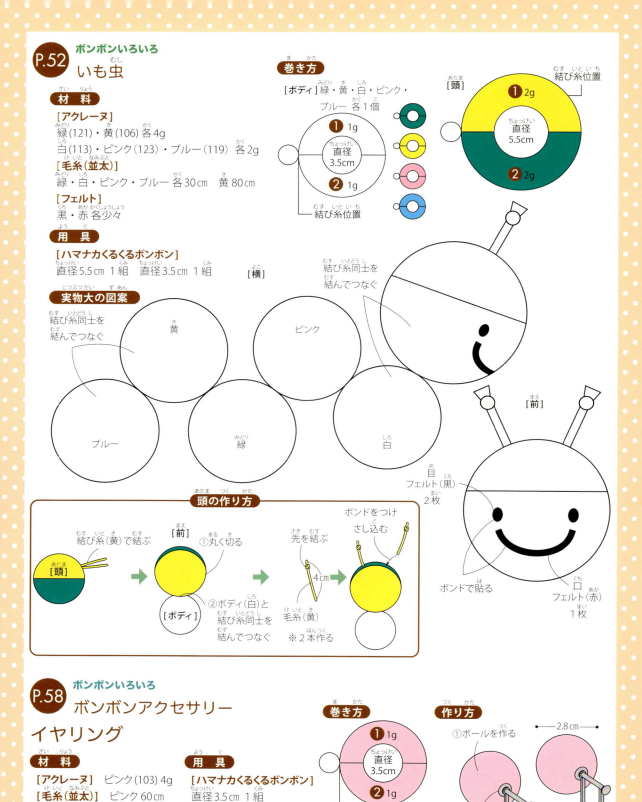

### ボンボン器がなかったら・・・

柄のないボンボンや簡単な柄のボンボンだったら
厚紙で作ることもできます。

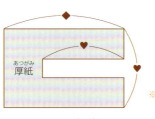

※厚紙は曲がらないものを用意します。

[♥] ボンボンの直径＋1cm
[◆] ボンボンの直径＋3cm

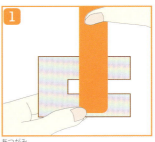

1. 厚紙にアクレーヌをのせます。

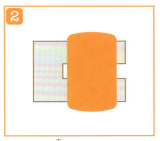

2. くるくる巻きます。

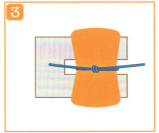

3. 結び糸を中心の穴から2回通して、結びます。

4. 両端を切ります。

5. 切れたところです。

6. 丸く、大きさに整えます。

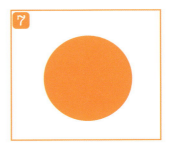

7. できあがりです。

● 著者プロフィール ●

## 寺西 恵里子　てらにし えりこ

（株）サンリオに勤務し、子ども向けの商品の企画デザインを担当。退社後も "HAPPINESS FOR KIDS" をテーマに手芸、料理、工作を中心に手作りのある生活を幅広くプロデュース。その創作活動の場は、実用書、女性誌、子ども雑誌、テレビと多方面に広がり、手作りを提案する著作物は 550 冊を超え、ギネスに申請中。

### 寺西恵里子の本

『フェルトで作るお菓子』『かんたん！かわいい！ひとりでできる！ボンボンのマスコット』（小社刊）
『楽しいハロウィン コスチューム＆グッズ』（辰巳出版）
『ハンドメイドレクで元気! 手づくり雑貨』（朝日新聞出版）
『0〜5歳児 発表会コスチューム 155』（ひかりのくに）
『身近な材料でハンドメイド かんたん手づくり雑貨』（家の光協会）
『0・1・2 歳のあそびと環境』（フレーベル館）
『365 日子どもが夢中になるあそび』（祥伝社）
『3 歳からのお手伝い』（河出書房新社）
『おしゃれベビーブルマ』（ブティック社）
『基本がいちばんよくわかる　刺しゅうのれんしゅう帳』（主婦の友社）
『はじめての編み物 全 4 巻』（汐文社）
『30 分でできる! かわいい うで編み＆ゆび編み』（PHP 研究所）
『チラシで作るバスケット』（NHK 出版）
『かんたん手芸 5 毛糸でつくろう』（小峰書店）
『リラックマのあみぐるみ with サンエックスの人気キャラ』（主婦と生活社）

● 協賛メーカー ●

この本に掲載しました作品はハマナカ株式会社の製品を使用しています。
糸・副資材のお問い合わせは下記へお願いします。

### ハマナカ株式会社

京都本社
〒616-8585　京都市右京区花園薮ノ下町 2 番地の 3
TEL/075(463)5151(代)　FAX/075(463)5159

ハマナカHP ● http://www.hamanaka.co.jp
e-mailアドレス ● info@hamanaka.co.jp
手編みと手芸の情報サイト「あむゆーず」● http://www.amuuse.jp

**ボンボンとは!**

『梵天のようなフワフワした毛糸玉をボンボンと呼びます。
ハマナカでは、綺麗な丸いボンボンが簡単に作れる<ハマナカくるくるボンボン> を 2000 年に発売、以後多数の作品集でご紹介しております。
今では誰もが知っている可愛い手芸の一つ<ボンボン手芸>として親しまれております』

● スタッフ ●

撮影　奥谷 仁
デザイン　ネクサスデザイン
製作／作り方　池田 直子　千枝 亜紀子　HAYURU
　　　　　　　奈良 縁里　久保 永利子
校閲　校正舎 楷の木
進行　鏑木 香緒里

---

ひとりでできる！　For Kids!!
## 子どもの手芸　楽しいかわいいボンボン
平成29年8月1日 初版第1刷発行

著者 ● 寺西 恵里子
発行者 ● 穂谷 竹俊
発行所 ● 株式会社 日東書院本社　〒160-0022　東京都新宿区新宿2丁目15番14号 辰巳ビル
TEL ● 03-5360-7522　（代表）FAX ● 03-5360-8951　（販売部）
振替　00180-0-705733　URL ● http://www.TG-NET.co.jp
印刷 ● 大日本印刷株式会社　製本 ● 株式会社セイコーバインダリー

本書の無断複写複製（コピー）は、著作権法上での例外を除き、著作者、出版社の権利侵害となります。
乱丁・落丁はお取り替えいたします。小社販売部までご連絡ください。

© Eriko Teranishi 2017, Printed in Japan　ISBN 978-4-528-02159-4　C2077